Niveau 3

Texte de Johanne
Illustrations de Rém

Alerte à la pollution !

la courte échelle

Les éditions de la courte échelle inc.
5243, boul. Saint-Laurent
Montréal (Québec) H2T 1S4
www.courteechelle.com

Directrice de collection : Anne-Sophie Tilly

Consultantes en pédagogie : Marélyne Poulin et Marie-Pascale Lévesque

Révision : Sophie Sainte-Marie

Conception graphique : Kuizin Studio

Infographie : Aurélie Roos

Dépôt légal, 2e trimestre 2010
Bibliothèque nationale du Québec

La courte échelle reconnaît l'aide financière du gouvernement du Canada par l'entremise du Programme d'aide au développement de l'industrie de l'édition pour ses activités d'édition. La courte échelle est aussi inscrite au programme de subvention globale du Conseil des Arts du Canada et reçoit l'appui du gouvernement du Québec par l'intermédiaire de la SODEC.

La courte échelle bénéficie également du Programme de crédit d'impôt pour l'édition de livres — Gestion SODEC — du gouvernement du Québec.

Catalogage avant publication de Bibliothèque et Archives nationales du Québec et Bibliothèque et Archives Canada

Gagné, Johanne

    Alerte à la pollution !

    (Collection Première Lecture ; 17)
    Pour enfants de 6 ans et plus.

    ISBN 978-2-89651-287-4

    I. Simard, Rémy. II. Titre. III. Collection : Collection Première Lecture ; 17.

PS8563.A253A63 2010   jC843'.6   C2009-942386-3
PS9563.A253A63 2010

Imprimé en Chine

À Richard,
inventeur du visioscope.

À la découverte des personnages

Tagamel

Cuisinier sur le bateau pirate *Koulpatro*, Tagamel est un grand timide au cœur tendre. Il se soucie du bonheur de l'équipage et respecte les ordres de son capitaine. Sa vie n'est pas toujours de tout repos.
Un jour, il a rencontré Isia...

Isia

Isia, une fillette courageuse et futée, vit au bord de la mer. Toujours en train de jouer sur la plage, elle a fait une surprenante rencontre qui a changé sa vie à jamais ! Oui, qui peut se vanter d'avoir une bande de pirates pour amis ?

À la découverte de l'histoire

Chapitre 1
Une rencontre inattendue

Dans son canot de sauvetage, Tagamel
rame à toute vitesse en direction de la
plage. Il a hâte de retrouver son amie
Isia. Elle a promis de lui faire voir
le fond de la mer.

Dès que son embarcation touche
le sable, Tagamel saute par-dessus
bord et court vers son amie.

Le nez en l'air, il ne voit pas le gros
caillou par terre. Patatras ! il tombe
à plat ventre.

Isia lui demande :

— Tu n'as rien de cassé ?

— Non, je ne crois pas, répond Tagamel. C'est ce vilain rocher qui s'est mis en travers de mon chemin...

Isia rigole :

— Les rochers ne bougent pas !

— Si, si, mademoiselle ! s'indigne le pirate. Regarde. Celui-ci bouge.

Isia s'approche et s'exclame :

— Ce n'est pas un rocher ! C'est une grosse tortue marine. Viens voir.
La pauvre bête a du mal à respirer.

Tagamel s'avance et dit :

— On doit agir vite, sinon elle va mourir...

— Je ne vois qu'une solution, déclare Isia. Il faut amener la tortue chez le vétérinaire. Reste auprès d'elle. Je reviens.

Isia est aussitôt de retour avec une brouette. Tagamel soulève la tortue et l'installe dans l'ambulance improvisée. Ils la conduisent ensuite chez le vétérinaire.

Dans son cabinet, le docteur retire un
sac de plastique de la gorge de la bête.
La tortue respire tout de suite mieux.
Elle est sauvée !

Sur un ton sévère, le vétérinaire déclare :

— La pollution cause des situations comme celle-ci. Cette malheureuse tortue a mangé ce sac par erreur. Elle l'a pris pour une méduse, son plat favori...

Chapitre 2

Vision d'horreur !

Isia et son ami reviennent à la plage.
Étonnée, Isia s'interroge :

— Pourquoi y a-t-il autant de saletés
sur le sable ? Elles arrivent peut-être
de la mer, transportées par le vent et
le courant ?

Tout à coup, elle aperçoit un des matelots du *Koulpatro*. Il jette une pleine poubelle de déchets par-dessus bord.

Indignée, Isia demande à son ami :

— Que fait-il ? Il est devenu fou !

— Pourquoi ? dit-il, surpris par la question. On a toujours fait ça.

La jeune fille réplique :

— Et la pollution ? Ça ne peut plus continuer ! Attends-moi dans le canot. Je cours chercher quelque chose à la maison.

Quand Isia revient avec un drôle d'objet, les deux amis partent en direction du *Koulpatro*.

Au moment où ils accostent, ils voient
Barbe-à-Puces.

— Quel bon vent vous amène,
chers amis ?

— Bonjour, capitaine ! répond la fillette d'un ton sec. Nous devons avoir une petite conversation.

Furieuse, Isia monte à bord, Tagamel sur ses talons. D'un seul souffle, elle explique à Barbe-à-Puces que la mer n'est pas une poubelle. Que c'est sale et laid de jeter ainsi ses déchets ! Que les pirates détruisent la nature et peuvent même tuer des animaux...

— Pas de problème, jeune fille, l'interrompt le capitaine. Si cela peut te faire plaisir, on va les mettre dans des caisses et les couler au fond de l'eau !

Isia, qui ne décolère pas, riposte aussitôt :

— Ça ne va pas, la tête ! Avez-vous pensé aux poissons ?

— Les poissons, les poissons... marmonne le capitaine. Les poissons ne sentent déjà pas la rose, alors...

Désespérée, la fillette ajoute :

— Là n'est pas la question ! Je vais vous montrer les dégâts que cause la pollution !

— Holà ! dit Barbe-à-Puces. Je ne mettrai jamais le gros orteil à l'eau !

Isia le rassure :

— J'ai apporté ce qu'il faut !
Un *visioscope*. Mon grand-père a
remplacé le fond d'un vieux seau par
une vitre. Ainsi, on regarde sous l'eau
sans se mouiller.

— Oui, oui, oui ! s'écrie Tagamel.
Moi aussi, je veux voir. Tu me l'as promis.

— L'honneur au capitaine ! déclare la
jeune fille.

Ce dernier s'avance fièrement.

Isia s'installe dans le canot de
sauvetage avec le pirate. Elle s'appuie
au bord de l'embarcation et elle pose
son appareil sur la surface de l'eau. Le
fond de la mer apparaît.

Barbe-à-Puces, qui n'en croit pas
ses yeux, s'exclame :

— Nom d'une catastrophe ! Il y a tant
de déchets que les poissons ne sauront
bientôt plus où nager !

Chapitre 3

Le grand ménage

Tour à tour, les membres de l'équipage regardent à travers le *visioscope*.
On dit souvent qu'une image vaut mille mots... Cette fois-ci, un seul mot suffit : pouah !

Isia organise un grand ménage.
Elle forme des équipes et répartit
les tâches.

Ensuite, Tagamel la ramène sur la plage. Elle veut rencontrer le maire afin d'exposer sa solution pour éliminer cette pollution.

De leur côté, les pirates sont déjà au
boulot. Bonœil dirige le premier groupe.
Lui et cinq autres pirates sont envoyés
à terre.

Leur mission est de parcourir la plage
d'un bout à l'autre et de ramasser
ce qui traîne. Les déchets sont déposés
dans les grandes poubelles publiques
installées à l'entrée du parc de
stationnement.

L'autre équipe, sous les ordres
de Barbe-à-Puces, récupère tout
ce qui flotte à l'aide d'épuisettes et
de perches.

Tagamel est dans le canot de sauvetage.
Grâce au *visioscope* d'Isia, il indique
au capitaine où sont les déchets
à leur portée.

En fin de journée, Isia revient.
Elle est accompagnée des éboueurs
de la ville. Ensemble, ils ont fixé
des bouées autour de trois grosses
poubelles de recyclage. Il y en a une
pour le papier et le carton. Une autre
sert pour le verre et le plastique, et la
dernière, pour les déchets alimentaires.

Les trois poubelles flottantes sont
amarrées au bateau. Chaque semaine,
les éboueurs viendront les vider.

Finie la pollution !

Avec leurs poubelles flottantes,
les pirates sont devenus l'attraction
des environs. Des gens de partout
les félicitent pour cette brillante idée.

Glossaire

Accoster : Se ranger, s'arrêter le long d'un quai ou ailleurs.

Amarrer : Attacher avec un cordage.

Improviser : Faire quelque chose sans préparation.

Méduse : Animal marin gélatineux ayant des tentacules.

Ne pas décolérer : Être en colère.

S'indigner : Se révolter, se mettre en colère.

À la découverte des jeux

Il y a la pollution, mais aussi des solutions !

Tu entends souvent parler de pollution, mais sais-tu qu'il existe déjà plusieurs solutions? Pars à la conquête de ces sources d'espoir et partage-les avec le plus grand nombre de personnes !

Mon *visioscope*

À l'aide de différents matériaux recyclés, fabrique ton propre *visioscope*. Illustre à quoi ressemble le fond de la mer selon toi et regarde cette image avec ton *visioscope*.

Découvre d'autres activités au www.courteechelle.com

Table des matières